Vor Gott sind alle Menschen bleich

Vor Gott sind alle Menschen bleich

Eine Fundgrube origineller Versprecher
gesammelt von
Hartmut Walsdorff

Mit Illustrationen von
Klaus Müller

Claudius Verlag

Meinen Kindern Beate und Dirk,
die beide so gerne lachen

Die Deutsche Bibliothek – CIP-Einheitsaufnahme

Vor Gott sind alle Menschen bleich: eine Fundgrube
origineller Versprecher / ges. von Hartmut Walsdorff.
Mit Ill. von Klaus Müller. – 7. Aufl. – München:
Claudius-Verl., 1998
ISBN 3-532-62210-6
NE: Walsdorff, Hartmut [Hrsg.]; Müller, Klaus [Ill.]

7. Auflage 1998

Umschlaggestaltung: Werner Richter unter Verwendung
einer Zeichnung von Klaus Müller
Illustrationen: Klaus Müller
Lektorat: Ute Krüger
Gesamtherstellung: Clausen & Bosse, Leck
ISBN 3-532-62210-6

Inhaltsverzeichnis

Eine Syphilisarbeit
Was es da zu lachen gibt

Schallendes Gelächter hat den Anstoß gegeben zu diesem Buch. Und so bin ich davon überzeugt, daß das Buch nun seinerseits viel Gelächter verursachen wird. Doch von vorne. Seine Entstehungsgeschichte ist kurios genug. Sie beginnt vor mehr als 20 Jahren in meiner ersten Pfarrstelle. Sie beginnt nämlich mit einem selbst emsigen Kirchgängern nicht unbedingt vertrauten Namen: Ananias.

Äußerst bibelfeste, vermeintlich mutige, vielleicht aber eher bornierte, auf jeden Fall jedoch menschliche Hilflosigkeit ignorierende Theologen hatten der eben gegründeten Gemeinde im Arbeiterbezirk Berlin-Neukölln diesen neutestamentlichen Mehrfachnamen auserkoren und allen Widerständen zum Trotz aufgedrückt. Sie setzten beileibe nicht nur auf einen Ananias, sondern auf alle drei im Neuen Testament genannten Ananiasse, nämlich auf die Summe ihrer aller Tun und Lassen, ihres Glaubens und ihres Schuldigwerdens. Nach drei Personen eine Gemeinde mit ihren Stärken und Schwächen zu benennen – das war schon ein starkes, schwaches Stück.

So weit, so gut. Verrechnet hatte man sich, was den »gemeinen« Volksmund anging. Ananas war noch die mildeste Variante, das i im Namen über dem Schaukasten hatte stets ein kurzlebiges Dasein. Post erreichte nicht nur die Ananias-, vielmehr auch die Hansa-, die Anna- oder die Tansaniagemeinde. Nach Rundfunkübertragungen flatterten Briefe an die Onaniasgemeinde oder – gut kombiniert – an die »Kirche am RIAS«.

Ich habe nie hämisch lachen können über angeblich mangelhafte Bildung solcher Absender. Eher spürte ich ein wenig wie weiland Don Camillo Gottes eigene, eigenartige Entgegnung auf die ignorante, menschenunfreundlich frevelhafte Namensgebung. Und: Ich fing an zu sammeln, vom Verhörer über den Verschreiber zum Versprecher. Ganz nebenbei, gleichsam mit Ebbe und Flut, je nach Lust und Angebot. Zuerst nur in der kirchlichen Landschaft von Seniorenkreisen und Konfirmandengruppen, bei Gottesdiensten und Hausbesuchen, dann auch beim Einkaufen und beim Straßenschwatz.

Unglaublich die Vielfalt der Wort-Müll-Lieferanten, bei denen ich mich wortlos zu bedanken hatte. Noch weiter gefächert wurde der Kreis, als ich für einige Jahre Öffentlichkeitsbeauftragter der Berliner Landeskirche war: herrliche Versprecher bei Kirchenleitungssitzungen, auf Synoden, bei Festakten und auf Kirchentagen. Stolperwort-Fundgruben fand ich schließlich auch bei Parlamentsdebatten, Nachrichten, Talkshows und bei all der die wundersame Programmvermehrung begleitenden, inflationär wachsenden Zunft der ModeratorInnen.

Analog zum Briefmarkensammeln entdeckte ich Serienversprecher, denen man öfter begegnet, eher seltene Sonder»marken« und ausgesprochene Raritäten, ja Unikate. Ich hatte jede Menge zum Lachen. Und alles war ja auch nur zur eigenen Erheiterung gedacht, die mir jeweils umgehend gelang, sobald ich auch nur einige der sorgfältig notierten verbalen Fehltritte rekapitulierte.

Doch im vorigen Jahr geschah es dann: Mangels Zeit für Kreatives lieferte ich bei zwei festlichen Anlässen einen bunten Versprecherstrauß ab, der ohne Übertreibung lachende Tränen und tränendes Lachen auslöste. Der Ruf nach »mehr« Gründen zum Jubeln blieb fortan ebenso hartnäckig wie der, mit derart köstlichen Entgleisungen einen größeren Kreis zu beglücken.

Genau das erhoffe ich mir nun mit dieser Auswahl von mehr als 600 Versprechern aus rund zwei Jahrzehnten: herzhaftes Lachen, ohne Häme, aber voll Wärme und Sympathie (deutsch: Mit-Leiden) mit all den Materialspendern für diese Sammlung unfreiwilliger Bruchlandungen. Reizen würde es mich, Menschen kennenzulernen, die bei der Lektüre nichts, aber auch gar nichts zu lachen haben. Leichter werden sich derart erheiterte Gemüter finden lassen, die entgegen meiner ausdrücklichen Warnung sich das ganze Buch auf einmal zumuten statt es wie einen guten Wein schlückchenweise zu genießen. Denn die Variationsbreite von Versprechern ist denkbar groß.

So können selbst winzige Buchstabenunfälle folgenschwer sein. Aus einer Dreiecksgeschichte wird im Nu eine Drecksgeschichte, aus Kapstadt wird Karstadt und aus einer Reliquie, dem Turiner Grabtuch, ein Turniergrabtuch, wobei zum Glück die Sportart offenbleibt. Versprochen ist versprochen! Nicht weniger unglaublich kann das Ergebnis sein, wenn ganze Wörter oder Sätze zum reinsten Verabschiedehof, pardon Verschiebebahnhof werden. Wichtig ist eben, sich weder zur Ruhe noch aus dem Konfuz bringen zu lassen, Sie ahnen schon, wie es richtig heißen muß.

Gerade auf der Suche nach dem treffenden Wort, das das Gemeinte auf den Punkt bringt, spielen sich offenbar im Wettlauf von Nach- und Vordenken sowie Aussprechen wahre Dramen ab, und zwar in Sekundenbruchteilen. Statt der erhofften Prägnanz trifft man voll daneben. Besonders die Flut der Fremdwörter im heutigen Deutsch kommt ausgelegten Fußangeln gleich, die zielsicher zu orten abenteuerlich ist, zumal für jene Zeitgenossen, die nur zu gerne »fremdgehen« und ihr Wissen bei jeder sich nur bietenden Gelegenheit einfließen lassen.

Wehe, wenn sie losgelassen, ohne richtig gebraucht oder gar richtig verstanden zu haben. Derartiger Übereifer darf gelegentlich sogar mit einem Hauch sanften Spotts beschmunzelt werden. Stets eingedenk, hier und da selbst gefährdet zu sein, belächelt zu werden. Sofern der Versprecher bemerkt wurde. Denn der größte Teil unserer Versprecher wird bewußt oder geflissentlich überhört, es sei denn, man pflegt sein »Sammler-Ohr«. Wohlgemerkt, mit Schadenfreude würden wir nicht in der angemessenen Heiterkeit reagieren. Denn in jedem von uns steckt ein potenter, ach nein, ein potentieller Versprecher-Typ. Niemand von uns ist garantiert unabtastbar, natürlich unantastbar. Weder hochgebildete Geister noch bestpräparierte Manuskriptleser sind davor gefeit, blitzschnell überlistet zu werden – nicht vom Bösen, sondern allen Mithörern zum Guten, manchmal hoffentlich sogar zum Lachen über sich selbst. Besser fällt die eigene böse Zunge über mich her als böse Zungen anderer.

Unter den Versprechern finden Sie wunderbar Liebenswürdiges, bloß Scherzhaftes, aber auch wörtlich Verrücktes, verblüffende Sinnänderungen neben Kreationen neuer Wortschöpfungen. Ich hatte erwogen, über die vorgenommenen Kapiteleinteilungen hinaus die Skala der Versprechertypen zu systematisieren, zu analysieren, zu kategorisieren. Doch das müßte wohl ein anderes

Buch, das müßte vor allem ein kompetenterer Autor leisten. Zu groß ist mein Respekt vor den Sprachwissenschaftlern (lat.: Linguisten), die alle möglichen und unmöglichen Versprechervarianten unterscheiden: kontaminierte, antizipierte, tilgende, tauschende, formverwandte und strandende Versprecher zum Beispiel. Da belehrt man Laien wie mich gründlich, weshalb uns zum Beispiel Treibhaus-Pilze beim Aussprechen ein Schnippchen schlagen und zu Zuchthaus-Pilzen werden können und weshalb dann auch noch Zucht-Pilze gemeint sein könnten.

Bei zaghaften Versuchen der gleichzeitigen Analyse eines Versprechers ist mir prompt das Lachen über ihn vergangen. Sobald man über Humor doziert, kommt er abhanden. Also Lachen oder Wissenschaft. Ich habe mich entschieden. Und ich beschränke mich auf die darunter gesetzte richtige Bedeutung und Schreibweise als Auflösungshilfe. Manchmal erübrigt sich selbst diese Korrektur, weil unübersehbar bleibt, was der Versprecher oder die Versprecherin uns eigentlich sagen wollte.

Wie nah so eine Sammlung dem Evangelium ist, also zum Christsein anzustiften vermag, weiß ich nicht. Aber dem hartnäckigen Vorurteil und mancher eigenen Erfahrung, wonach Christen nichts zu lachen hätten und unser Glaube eine äußerst humorlose Angelegenheit sei, soll doch allergisch, pardon energisch widersprochen werden. Wenn Sie bei der Lektüre auch nur halb so ernsthaft lachbegabt sind wie ich, dann werden Sie sich in herrlich komischen Sprachlandschaften wiederfinden. Sie werden stutzen und staunen, schmunzeln und – warum denn nicht – auch mal laut losprusten angesichts der unbetrübten und nicht selten hintergründigen Angriffe auf Zwerchfell und Lachmuskeln.

Zuletzt: Ich sammle weiter. Wer mich mit dem einen oder anderen Verbrecher bekanntmachen will, ist herzlich dazu eingeladen. Den letzten Satz sollten Sie übrigens nochmal genau lesen.

Hartmut Walsdorff

Liebe Mist-Christen

Verlesenes und Bepredigtes

Es gibt weltweit zu viele Anachristen.
(Anarchisten)

Wir hören ein Schriftwort aus dem
Propheten Amor.
(Amos)

Wir bleiben unbrennbar verbunden.
(untrennbar)

Ich lese die Epistel aus dem Brief
an die Hebriden.
(Hebräer)

Laßt uns miteinander das Ökonomische
Glaubensbekenntnis sprechen.
(Ökumenische)

Unser Chor singt den Quantus firmus.
(Cantus firmus)

Durchaus lesenswert sind auch
die alten Makaber-Briefe.
(Makkabäer)

Wir lesen beim Postel Apaulus.
(Apostel Paulus)

Der Apostel mahnt: So bestehet nun
in der Freizeit.
(Freiheit)

Die Anweisung ist klar: Hungert deinen Feind, so speise ihn mit Durst.
(Brot)

All eure Särge werfet auf ihn.
(Sorge)

Gehet ein durch die enge Pfote.
(Pforte)

Zum Glück kam schließlich der barmherzige Ritter des Weges.
(Samariter)

Gott schenke euch seinen weihnachtlichen Regen.
(Segen)

Wir singen: Herr, deine Liebe liegt im Gras am Ufer.
(Deine Liebe ist wie Gras und Ufer)

Segne, wenn wir jetzt unser heiliges Blut zu dir nehmen.

Bei Gott bleibt jedwedes Leben unabtastbar.
(unantastbar)

Es sind der Gemeinde zwei Menschen aus unseren Straßen bekanntzugeben, die in der vergangenen Woche kirchlich beschattet wurden.
(bestattet)

Die Trauerfeier fand in aller Stille
auf dem Städtischen Hauptbahnhof statt.
(Hauptfriedhof)

Und er wusch seine Unschuld in Hände.

Lots Weib erstarrte zur Salzsäure.
(Salzsäule)

Laßt uns nicht wanken, sondern
festhalten am Geländer.
(Bekenntnis)

Trotz allem ließ Joseph sich
zu keiner Tätigkeit hinreißen.
(Tätlichkeit)

Der Verstorbene war bis ins Greisenalter
aufrecht und mannbar.
(mannhaft)

Der Gemeinde ist heute das Folgende
abzukanzeln.
(abzukündigen)

Die Jünger saßen einträglich beieinander.
(einträchtig)

Die Kollekte sammeln wir für die
Abtreibung der Orgelschulden.
(Abtragung)

DIE TRAUERFEIER FINDET IN ALLER STILLE AUF DEM STÄDTISCHEN HAUPTBAHNHOF STATT.

Ich wünsche Ihnen allen
ein recht neues Jahr.

Rührig engagierte sich der Verstorbene
in seinem Turnsportverclub.
(...verein)

Im 8. Kapitel des Matthäusevangeliums
lesen wir die Geschichte vom
Hauptmann von Köpenick.
(von Kapernaum)

Erstaunlich, was der Verstorbene vertrug,
fast unüberbierbar.
(unüberbietbar)

Der Stein, den die Bergleute verworfen
haben, ist zum Eckstein geworden.
(Bauleute)

Vor Gott sind alle Menschen bleich.
(gleich)

Nun laßt uns in der Stille
und mit lautem Herzen beten.
(lauterem)

Ich danke der Gemeinde herzlich für die
reiche Gage vom letzten Sonntag.
(Gabe)

Wir wissen aber, daß denen, die Gott lieben, alle Dinge zum Bersten dienen.
(zum Besten)

Am Ausgang halten wir wie immer den Opferstrick für die Armen bereit.
(Opferstock)

Der Herr hat unsere Hände herrlich gefühnt.
(gefüllt)

So tröstet uns der Prophet Sejaja.
(Jesaja)

Wir feiern heute beide Sakramente,
nachher das Abendmahl,
zuerst den Auftakt.
(Taufakt)

Danke für jedes kleine Helle und für die Musik.
(für alles Frohe, Helle ...)

Liebe Konfirmierte, wir werden immer für euch da sein, wenn wir euch brauchen.

Der Bläserchor beginnt, und dann fällt die ganze Kirche ein.

Meine sehr lieben Mist-Christen.
(Mitchristen)

Unsere ökumenischen Gäste kommen aus der südafrikanischen Partnerstadt Karstadt.
(Kapstadt)

Die Anweisung ist deutlich:
Gebt unserm Gott die Ehe!
(Ehre)

Erstaunlich, dieser hochbegabte Simeon!
(hochbetagte)

Als ersten Sohn wünschten sie sich ein Kind.

Gott breitet über uns allen seinen weiten Schmutzmantel aus.
(Schutzmantel)

Vor der Ehe haben beide erfolgreich ihre Schule observiert.
(absolviert)

Ist das nicht eine wunderbare Art der Nächstenlüge?
(Nächstenliebe)

Welch ein Segen: Beide Kirchen kommen aus ein und derselben Traufe.
(Taufe)

Schon Bonhoeffer bekannte damals:
Ich glaube, daß Gott uns
so viel Wirtschaftskraft gibt,
wie wir brauchen.
(Widerstandskraft)

Die Schrift tröstet auch hier: Wo zwei
oder drei vergammelt sind...
(versammelt)

Ein kostbares Kleinod ist die sogenannte
Weichheitsliteratur.
(Weisheitsliteratur)

Siehe, ich stehe vor der Tür und klingle.
(klopfe an)

Unser Dankopfer soll heute behinderten
Menschen gelten, denn einen fröhlichen
Geher hat Gott lieb.
(Geber)

Das Bekenntnis unseres Glaubens teilen
wir mit der weltlichen Christenheit.
(weltweiten)

Wir waren heute gestern an seinem Tisch.
(Gäste)

Liebe Hörer, während Sie zu Hause Ihr Gesangbuch aufschlagen, singt der Chor: Such, wer da will…

Am Ende starb er doch plötzlich – noch am Tag vor seinem Tod hatte er einen Bienenschwarm gegessen.
(Bienenstich)

Und so nahm denn die Krankheit ein unterhaltsames Ende.
(unaufhaltsames)

Fürwahr, du bist ein verbogener Gott!
(verborgen)

Und ich sah einen Kloß mit tönernen Füßen.
(Koloß)

Zwei kurze und doch entscheidende Gleichnisse: vom Senfkorn und vom Sauerkraut.
(Sauerteig)

Der Abschnitt ist eine Mahnung zu fruchtlosem Bekenntnis.
(furchtlosem)

Er hat den Schulbrief getilgt.
(Schuldbrief)

UND ICH SAH EINEN KLOSS MIT TÖNERNEN FÜSSEN.

Dieser Sittenvorfall ist beklagenswert.
(Sittenverfall)

Alle Sorge werft auf ihn, denn er
zahlt für euch.
(sorgt)

Und der Engel setzte den rechten Fuß
auf das Meer und machte ein Bächlein.
(hatte ein Büchlein)

Er war ein gradliniger Dominikaterpater.
(Dominikaner)

Darum prüfet und behaltet am besten
alles.
(prüft alles und behaltet das Beste)

Halte deine Zunge im Zaun.
(Zaum)

David kämpfte mit dem Riesen Grobian.
(Goliath)

Herr Zebaoth, wie billig sind
deine Wohnungen.
(lieblich)

Wir singen jetzt: Mit Ernst,
o Menschenskinder…
(Menschenkinder)

Johannes der Säufer versäumte nicht zur Buße zu rufen.
(der Täufer)

Gottes Zeit ist die allerletzte Zeit.
(allerbeste)

Als Lesung hören wir einen Abschnitt aus 1. Petra 3.
(Petrus)

Heute wurde die Kirchentagslösung bekanntgegeben.
(Losung)

Viele wollen doch nur für jedes Versagen Absolustion.
(Absolution)

Avus Maria.
(Avus = Rennstrecke in Berlin)

Darum, daß er aus dem schlechten Hause Davids war.
(aus dem Hause und Geschlechte Davids)

Da heißt es, alle Kräfte in den Gemeinden zu mobilieren.
(mobilisieren)

Kein einziges Leben ist von einem blinden Faktum bestimmt.
(Fatum)

Jesus hatte zweifellos das Herz am Puls der Leute.
(den Puls am Herzen)

Der letzte Prophet hieß doch Malochi oder doch nicht.
(Maleachi)

Das erste Gebot warnt uns eindringlich vor Blasphonie.
(Blasphemie)

Warum? Sprach der Prophet. Darum.
(sprach der Prophet Nahum)

Vor allem Johannes war eine stimmende Rufe.
(rufende Stimme)

Doch dann schröpften die Jünger wieder Hoffnung.
(schöpften)

Soll ich meines Hüters Bruder sein?
(Bruders Hüter)

Die Ägypter machten ihnen
das Leben sauber.
(sauer)

Ihr werdet kommen in ein Land, in dem
Milch und Zucker fließen.
(Honig)

Wer kennt sie nicht, die dramatische
Story von Mamma in der Wüste!
(vom Manna)

Du sollst dem Ochsen, der drischt,
nicht das Maul verbieten.
(verbinden)

Jesus sagt: Ihr braucht keine
Gebissenswisse zu haben.
(Gewissensbisse)

Wie der Hirsch krächzt nach
frischem Wasser.
(lechzt)

Der Geist ist willig, aber das Fleisch
ist schlaff.
(schwach)

So spricht der Herr: Zerreißt eure Herzen
und nicht eure Mäuler!
(Kleider)

Also bleibe im Lande und mehre dich redlich.
(nähre dich)

Ich bin nicht wert, dir die Schuhriemen zuzubinden.
(aufzulösen)

Da versammelten sich die Pariser und Schriftgelehrten.
(Pharisäer)

Und sie wurden voll süßen Weinens.
(Weines)

Da fiel es den Hirten gleichsam wie Schnuppen von den Augen.
(Schuppen)

Und sie brachten Gold, Weihrauch und Möhren.
(Myrrhe)

Wahrlich, er war um keine Ausrede verlogen.
(verlegen)

Die alttestamentliche Lesung finden wir beim Propheten Samiel.
(Samuel)

Luthers Atlashandel

Kirchengeschichte(n)

Mit auf dem Podium sitzt Donna Hanna, nein, Doktor Hanna Renata Laurien.

Ich glaube, ich finde keinen Zugang zu den Trojanischen Chorälen.
(Gregorianischen)

Zu Allerseelen können sich die Verstorbenen in Listen eintragen oder am besten im Pfarrbüro melden.

In Rom haben wir natürlich die alten Statuten gesehen.
(Statuen)

Ich glaube, bei den Katholiken gibt's eine Art Apostolische Schluckzession.
(Sukzession)

Die alten Glocken bummelten nur so.
(bimmelten)

Die katholische Messe endet gewöhnlich mit der Satisfaktion.
(Benediktion)

Gegenstände zur Andacht in der Kirche nennt man Detonalien.
(Devotionalien)

Jedem katholischen Pfarrer stehen einige Komparsen zur Verfügung.
(Ministranten)

Was der Papst sagte, wurde umgehend simulant übersetzt.
(simultan)

Die berühmteste Moschee trägt den Namen »Hagere Sophia«.
(Haggia Sophia)

Zum Abschluß des Kirchentages stehen nicht weniger als 60 Abendmahlstische im Stadion rings um die Achterbahn.
(Aschenbahn)

Kein Wunder, daß Martin Luther wütend war auf den Atlashandel.
(Ablaßhandel)

In Mekka sind oft Millionen von Gläubigern versammelt.
(Gläubigen)

In diesem Jahr fällt Heiligabend auf den 24. Dezember.

Drei Priester halfen dem Bischof bei der Erledigung seines Stuhls.

Zu meinem 80. Geburtstag lade ich alle in die Kirche zu einem Sexfrühstück ein.
(Sektfrühstück)

Luther peinigte sich mehr als seine Klosterbrüder, ja, er kastrierte sich.
(kasteite)

Vor uns liegt der 23. Evangelische Kirchenstaat.
(Kirchentag)

Beim Thema Empfängnisverhütung hielten die Bischöfe den Atem an.

Wir beklagen alle bindende Schwindungskraft.
(schwindende Bindungskraft)

Im Allerheiligsten findet die Aufstellung der Bundesliga statt.
(Bundeslade)

Vor der Potsdamer Nikolaikirche steht ein großer Obelix.
(Obelisk)

Als Kind wurde die erste deutsche Bischöfin kopfonduliert erzogen.
(kopforientiert)

Im Heiligen Land ißt man noch heute fresh gepißte Apfelsinen.
(frisch gepreßte)

Während der Konferenz dürfen die angehenden Priester den Bischöfen unter die Arme greifen.

Ich bitte Sie, seien Sie mir nicht übel.

Niemals dürfen wir Vergangene der Gefangenheit werden.
(Gefangene der Vergangenheit)

Nach Ansicht der amerikanischen Gelehrten ist das Turnier-Grabtuch fast 2000 Jahre alt.
(Turiner Grabtuch)

Den Gästen des Kirchentages sollten wir erklären, was HUK heißt: Homosexuelle Kirche.
(Homosexuelle und Kirche)

Rufen Sie jetzt an und gewinnen Sie ein von Christus handsigniertes Exemplar.
(Christo)

Immer wieder wird in kirchlichen Blättern Ökumene getilgt.
(getitelt)

Ich spreche mich klar für konfessionelle Klinken aus.
(Kliniken)

Natürlich bringt jeder Kirchentag das Problem der Pflegeversicherung mit sich.
(Verpflegungssicherung)

Unter den Synodalen gibt es Böcke in unterschiedlichen Positionen.
(Blöcke)

Rund 1,3 Millionen Christen halten sich zur größten Küche Schottlands.
(Kirche)

Die Regensburger Diözese bietet jetzt eine Fußballfahrt an.
(Fußwallfahrt)

Fachleute nennen die fünf Mosebücher wohl Pentagon.
(Pentateuch)

Auch Pfarrer im Wartestand bleiben ihrem Ordinationsgelüste verpflichtet.
(Ordinationsgelübde)

In Glaubensfragen bin ich weniger serviert.
(versiert)

DIE REGENSBURGER DIÖZESE BIETET JETZT EINE FUSSBALLFAHRT AN.

Meldungen, wonach die Zölibatspflicht gelockert werden soll, sind in Rom energisch zementiert worden.
(dementiert)

Sogar die Bild-Zeitung weiß es: Bischof tutet für Versöhnung.
(Bischof Tutu)

Das Evangelische Konservatorium hat einen neuen Präsidenten.
(Konsistorium)

Traurig, aber wahr: Es gibt in Nordamerika kaum noch Indianerpräservative.
(Indianerreservate)

Luthers Tod schließlich geschah anni domino 1546.
(anno domini)

Seht den Wein im Kelch, das Brot in der Patrone.
(Patene)

Nicht überall ist Evipanias gesetzlicher Feiertag.
(Epiphanias)

Gute Katholiken halten viele Exorzitien.
(Exerzitien)

Unsere Jugend neigt nicht zu wüsten Ausscheidungen.
(Ausschweifungen)

Will Satan mich verschlingen, so laß die Englein singen: Dies Kind soll unser letztes sein.
(dies Kind soll unverletzet sein)

Man kann nur warnen vor der Harem-Krischna-Sekte.
(Hare Krischna)

In seinen ursprünglichen Ausmaßen ist der Talar acht Meter breit.
(Altar)

Besonders berühmt wurde der Sondergesang des Franz von Assisi.
(Sonnengesang)

Vormittags besuchten wir ein kirchliches Striptichon.
(Triptychon)

Mittags fand die pseudonyme Bestattung statt.
(anonyme)

Nicht nur die Kirchen klagen über ihre schwindelnden Mitglieder.
(schwindenden)

Sehr alt ist auch die hellenistige Religion.
(hellenistische)

Wir melden uns jetzt aus der Kirche zum Heiligen Kreuzberg.
(Kirche zum heiligen Kreuz in Kreuzberg)

Ich kenne nur den Franziskaner- und den Cappuccinoorden.
(Kapuziner)

In den Ausschüssen wird gerade der Entwurf des Paradiesgesetzes beraten.
(des Pfarrerdienstgesetzes)

Die Kirche braucht dringend eine abgestumpfte Mitgliedschaft.
(abgestufte)

Besonders hart betroffen von den Sparmaßnahmen sind alle Gemeinden mit weniger als 5000 Pfarrern.
(Mitgliedern)

Alles hängt von der Verhängnisvergütung ab.
(Empfängnisverhütung)

Seit seiner Pensionierung nimmt mich mein Mann immer mit zu den Eremitentreffen.
(Emeriten)

Wir Katholiken begrüßen Sie in München herzlich zum 25. Evangelischen Katholikentag.
(Kirchentag)

Besonders viele Amerikaner besuchen die Passionsspiele in Ammerobergau.
(Oberammergau)

Die neueste Welle heißt Sakko-Pop.
(Sakropop)

Hauptverantwortlich für den Dialog soll der landeskirchliche Sektbeauftragte sein.
(Sektenbeauftragte)

Die Probleme des Religionsunterrichts wachsen besonders in der Säkularstufe.
(Sekundarstufe)

Das war nicht die erste Pappvisite des Heiligen Vaters.
(Papstvisite)

Aus der Mormonenstadt Salt Lake City kommt der berühmte Tabanokelchor.
(Tabernakelchor)

Protestanten feiern weder Mariä Himmelfahrt noch ihre unbeschleckte Empfängnis.
(unbefleckte)

Die lutherische Bischöfin dementierte jede Rücksichtsabschrift.
(Rücktrittsabsicht)

Unser kirchliches Angebotsspektrum reicht bis zur Wirbelsäulengemeinde.
(Wirbelsäulengymnastik)

Es steht Christen gut an, auf Opfer verzichten zu können.
(opfern und verzichten zu können)

Die genaue Gezeit

Es folgen Nachrichten

Es gibt begründete Hinweise auf illegale Urinanreicherung.
(Urananreicherung)

Wie verlautet, war das Ganze munitiös vorbereitet.
(minutiös)

Mit Dagmar Berghoff steht zum ersten Mann eine Frau an der Spitze des Teams.
(zum ersten Mal)

Im Ruhrgebiet arbeitet inzwischen jeder Dritte nicht mehr an seinem Arbeitsplatz.

Wie heute ein hoher US-Bekannter beamtgab...
(US-Beamter bekanntgab)

Vom Norden Israels aus gelangten sie in das nibalesische Libandsland.
(libanesische Niemandsland)

Bei den jüngsten Unruhen in Belfast konnten zwei Rätselführer verhaftet werden.
(Rädelsführer)

Es herrscht noch immer Pazierschwein, Verzeihung, Passierscheinzwang.

Trotz drohender hoher Geldbußen wurden die Händler erneut ohne Gewebeschrein angetroffen.
(Gewerbeschein)

Der Plutoniumtransport fand unter gestrickter Geheimhaltung statt.
(strikter)

Schleswig-Holstein hat einen Vorstoß zur Bekämpfung des Kinderwahnsinns unternommen.
(Rinderwahnsinns)

In vielen südlichen Ländern haben die Geschäfte abends länger auf wegen der täglichen Fiesta.
(Siesta)

Die Gültigkeitsdauer der Ausweise soll verlängert werden – von derzeit zehn auf künftig zwei Jahre.
(zwölf)

An der öffentlichen Diskussion nimmt auch ein Leihbischof teil.
(Weihbischof)

Der Kanzler betonte, man müsse etwas behutsamer mit dem Atlantischen Bildnis umgehen.
(Atlantischen Bündnis)

Nach zähen Verhandlungen konnten alle Seiten bezweifelt werden.
(alle Zweifel beseitigt)

Die Börse meldet heute früh leicht gebückte Aktienkurse.
(gedrückte)

Hier noch eine Meldung aus der italienischen Hauptstadt Bonn.

Die Abendschau empfiehlt Ihnen zum Wochenende einen Ausflug zum Schißhebewerk Niederfinow.
(Schiffshebewerk)

Der bayerische Ministerpräsident befürwortet eine längere Lebenszeit.
(Lebensarbeitszeit)

Der holländische Würdenträger ist in Uganda gefallen, ich berichtige: in Ungnade.

Für den Geisterfahrer wurde eine Probe angeordnet.
(Blutprobe)

Der Entwurf soll heute im Senat eingemacht werden.
(eingebracht)

Innerhalb der IG Metall ist ein heftiger Streik entbrannt.
(Streit)

Österreich produziert einen erheblichen Anteil der europäischen Konsensmilch.
(Kondensmilch)

Es waren die ersten Landtagswahlen in Tübingen.
(Thüringen)

Gestern sind wieder zwei Menschen bei Banküberfällen ertrunken.
(Badeunfällen)

Die Demonstranten bewarfen die Flaschen mit Steinen.
(warfen mit Flaschen und Steinen)

Die fünf Astronauten sind sicher alle aus dem All zurück.
(alle sicher)

Ausführlich werden wir Sie morgen früh über alle Erscheinungen der Nacht informieren.
(Entscheidungen)

Nach Plänen des Ältestenrates soll die Zahl der Bundestagsabgeordneten von derzeit 672 um bis zu 100 Prozent reduziert werden.
(bis zu 100)

Übereinstimmend erklärten sie, dem Reich des Reiztages könne sich niemand entziehen.
(dem Reiz des Reichstages)

Nach Einschätzung des Unterhändlers scheint ein Waffelstillstand in Sicht.
(Waffenstillstand)

Der zu Depressionen neigende Regisseur hatte bereits zweimal Selbstmord unternommen.
(Selbstmordversuche)

Eggert trat zugleich von seinem Amt als Stellvorsitzender Vortreter zurück.
(Stellvertretender Vorsitzender)

NACH EINSCHÄTZUNG DES UNTERHÄNDLERS SCHEINT
EIN WAFFELSTILLSTAND IN SICHT.

Die Franzosen ernteten das Greenpeace-Schiff.
(enterten)

Ausdrücklich lobte der Bundespräsident den Weg der Mogelei.
(Mongolei)

Genau vor fünf Jahren hatte die Regierung das erste Umweltmysterium eingerichtet.
(Umweltministerium)

Das hat der EKD-Vorratssitzende bekräftigt.
(der EKD-Ratsvorsitzende)

Wie verlautet, konnte sich der STERN in dem Verfahren nicht gegen Christus durchsetzen.
(Christo)

Immer noch auffällig sind fleischliche Weibergesellen.
(weibliche Fleischergesellen)

Die damalige Bürgerrechtlerin Bärbel Bohley hatte behauptet, Gysi sei ein Stasel-Spitzi gewesen.
(Stasi-Spitzel)

Wie aus Toronto verlautet, konnten den Zwillingen erfolgreich die Köpfe abgetrennt werden.
(konnten die Zwillinge erfolgreich an den Köpfen getrennt werden)

Im letzten Jahr sind die Überlebens-chancen für Ertrunkene gestiegen.
(Ertrinkende)

Die Obduktion ist rechtens, solange der Patient nicht ausdrücklich widerspricht.

Seit gestern sind auf der Oder pausenlos Einbrecher unterwegs.
(Eisbrecher)

Ebenfalls angefragt sind alle Genoschensaftbanken.
(Genossenschaftsbanken)

Der Minister erklärte, es müsse ein Schlußstreich unter die Ausstände gezogen werden.
(Schlußstrich)

Heute nacht wird im Bezirk Tempelhof die Stullsteinstraße gesperrt.
(Ullsteinstraße)

Die Nachricht vom Tode Anouilhs überraschte viele, weil sie nicht wußten, daß er noch lebte.

Unklar ist, wieviele Libanesen die Hauptstadt Bayreuth verlassen haben.
(Beirut)

Der Senat hat endgültig die umstrittene Tasse genehmigt.
(Trasse)

Es sollen zunächst alle Beschäftigten übernommen werden, wie ein Firmensprecher beschäftigte.
(bestätigte)

Nach langer Zeit werden vom Ätna wieder Korruptionen gemeldet.
(Eruptionen)

Man staunt, welche Zeitungsvielfalt es im Jahre 1939 in der Bundesrepublik gab.

Die Zahl der Langarbeitszeitlosen steigt weiter an.
(Langzeitarbeitslosen)

Die Bindungsgrünen sehen sich im Aufwind.
(Bündnisgrünen)

Der Hamburger Polizeipräsident erklärte am Abend seinen Rückschritt.
(Rücktritt)

Die Frau wurde beim Sex auf den Gleisen von einem Triebwagen überrollt und blieb ohne Folgen.

Ab Montag gibt es im Stadtzentrum keine Schonkost für Parksünder mehr.
(Schonfrist)

Kurz vor seinem Tode spielte Curt Cobain noch die Hauptrolle in einer Drecksgeschichte.
(Dreiecksgeschichte)

In England wird ein beunruhigender Anstieg der Selbstsuchtkranken registriert.
(Gelbsuchtkranken)

Heute ist die unsterbliche Zarah Leander genau zehn Jahre tot.

Die Täter konnten von der Polizei überwältigt und demoliert werden.
(demaskiert)

Der Großauftrag ging schließlich an einen italienischen Schubräuberhersteller.
(Hubschrauberhersteller)

Odysseus war ein bekannter Held der Antike, der blind war, aber nicht gelebt hat.
(Dichterfigur Homers)

Selten haben die Börsianer derartige Kußbewegungen erlebt.
(Kursbewegungen)

Der Senator für Jugend und Sport wird erneut die Schale tragen.
(Pauschale)

Die Sozialdemokraten haben jetzt eine Führungs-Tonika.
(Führungs-Troika)

Wirtschaftsexperten rechnen mit keiner neuen Zinnsenkung.
(Zinssenkung)

Längst nicht alle Abgeordneten sind bereit, ihre Diät zu kürzen.
(Diäten)

Der Präsident betonte, es gebe nun keinerlei Grund mehr für das Westrüsten.
(Wettrüsten)

In den USA löste die Trauer Bestürzung aus.

Ich begrüße Sie zu unserer »heute-nacht«-Sendung, zuerst die Schlafzeilen.
(Schlagzeilen)

Ein Polizeihubschrauber kreiste stundenlang über dem riesigen Kater.
(Krater)

Diesmal wartet im Jackpot die Rekordsumme von 27 Mark auf ihren Gewinner.
(27 Millionen)

Der Dax erreichte beim Ficking einen neuen Tiefstand.
(Fixing)

Der Bankräuber bedrohte das Personal mit einer Persole.
(Pistole)

Wie es hieß, könne jeder Autofahrer den Schadstoffausstoß selbst vermindern – durch eine bewußt niederträchtige Fahrweise.
(niedertourige)

In Zukunft sollen bestimmte Klemptomaten straffrei bleiben.
(Kleptomanen)

Die Metaller wollen so lange warten, bis die Arbeitgeber an den Behandlungstisch zurückkehren.
(Verhandlungstisch)

Drei Überlebende wurden nachts vor der Kiste aufgetischt.
(Küste aufgefischt)

Der ADAC warnte unterdessen die Betroffenen davor, ihre Knöchel einfach wegzuwerfen.
(Knöllchen = Strafzettel)

An der Börse wird mit Sorge die Entwicklung der Rohkostpreise beobachtet.
(Rohstoffpreise)

Die Frauensenatorin rief die Bevölkerung auf, bei der Suche der gestohlenen Bonzenbrüste zu helfen.
(Bronzebüste)

Wie verlautet, ist BDN-Chef Porzner nach anhaltenden Unstimmigkeiten mit dem Kanzleramt in den Ruhestand getreten worden.
(getreten)

Wie viele Vertreter des männlichen Geschlechts war er ständig auf Geschlechtsreise.
(Geschäftsreise)

Die holländische Monarchin hat auch als Mutter dreier Kinder nicht ihre Unschuld verloren.
(Ungeduld)

Erstmals zeigte sich der Finanzminister mit seiner frischgebratenen Ehefrau.
(frischgebackenen)

In der deutschen Hauptstadt fand damit erstmals nach 1945 ein öffentliches Verlöbnis statt.
(Gelöbnis)

Gestern wurde ein »Bonn-Zimmer« im Berliner Bundeskaramellamt eröffnet.
(Bundeskartellamt)

Die beliebte Moderatorin hat sich eine schwere Steinbeißverletzung zugezogen.
(Steißbeinverletzung)

Und hier die genaue Gezeit.
(Zeit)

Weiterhin schwachsinnig

Das Wetter

Abgesehen von einzelnen Böen weiterhin schwachsinnig.
(schwach windig)

War schon der heutige Ostersonntag regnerisch, ist unsere Prognose für den Rosenmontag noch düsterer.
(Ostermontag)

Wir müssen morgen mit niedlichen Temperaturen rechnen.
(niedrigen)

In den Außenbezirken gesichtsweise Gebietsbehinderungen.
(gebietsweise Sichtbehinderungen)

Falls die Trockenheit anhält, drohen im südlichen Brandenburg Tausende von Bäumen zu verdunsten.
(verdursten)

Nachts lauert die Bewölkung auf.
(lockert auf)

Morgen erneut Regel-, Graupen- und Schneeschauer.
(Regen-, Graupel- und Schneeschauer)

NACHTS LAUERT DIE BEWÖLKUNG AUF.

Voraussichtlich wird das Quacksalberselber noch silber, äh, steigen.
(Quecksilber)

Über dem Atlantik gab es gestern einen dramatischen Luftwaffenwechsel.
(Luftmassenwechsel)

Tut mir leid, aber es ist schon wieder eine Zyklope im Vormarsch.
(Zyklone)

Bis auf weiteres heiseres Reisewetter.
(heiteres)

Versuchen Sie den wittrigen Straßenverhältnissen zu trotzen.
(widrigen)

Über Aldi setzt sich die Sonne durch.
(Überall setzt sich die Sonne durch)

Selten hat ein Hagelschauer derart verheerend gepraßt.
(geprasselt)

In der zweiten Tageshälfte vermehrte Schauder.
(Schauer)

Heute mittag wurde in Hessen der zweite Ozonarm ausgegeben.
(Ozonalarm)

So dürfte es erneut eine reichlich schwule Jülinacht geben.
(schwüle Julinacht)

Es muß mit Schneefall in beiden Fahrtrichtungen gerechnet werden.

Auf 30 Kilometern stockenweise streckender Verkehr.
(streckenweise stockender)

Sportliche Koniferen

Daneben gesprungen

Er gehört zu den kultivierten Linkshändlern.
(Linkshändern)

Das Finale war geradezu elektrifizierend.
(elektrisierend)

Das Spiel war langweilig bis auf jene zehnminütige Phrase.
(Phase)

Nun ist es amtlich: Boris Becker wird am WC-Turnier teilnehmen.
(WTC-Turnier = World Tennis Cup)

Vor dem nächsten Match tritt die übliche Zensur ein.
(Zäsur)

War das ein packendes Finale im olympischen Wurstscheibenschießen!
(Wurfscheibenschießen)

Der Ausnahmespringer überquerte mühelos die Lotte.
(Latte)

Unglaublich, aber unter den Top ten der Welt sind elf Europäer.

Das schneesichere Hochtal ist selbst für tote Anfänger geeignet.
(totale Anfänger)

Außer einem bösen Foul war von dem Stürmer nichts Positives zu sehen.

Enttäuscht über das frühe Ausscheiden seiner Spieler zeigte sich auch Bundeskanzler Niki Pilic.
(Bundestrainer)

Bei den letzten Olympischen Spielen hatte der Weltrekordler gleich die Anfangshöhe gerissen – das will er diesmal wiederholen.
(wiedergutmachen)

Ich frage mich nur, ob dem Borussen solch knallharte Deckung von hinten erlaubt ist.

Das Olympiastadion ist natürlich ausverkauft, aber noch strömen die Läuse in Massen.
(Leute)

Kein Wunder, daß bei der sengenden Hitze zwei Läufer kollaborierten!
(kollabierten)

Nach jedem Fußballspiel derselbe Sandalismus.
(Vandalismus)

Wenn der Ball gut läuft, sind Klinsmann und ich ein unschlagbares Trio.
(Duo)

Die Mannschaft ist nicht in der Lage, die nötigen Tore zu erschießen.

Der 33jährige gewann das Auftaktspringen und wurde abermals Vater.

Statt zur Pressekonferenz zu erscheinen verschwanden Steffi Graf und Boris Becker im Bett.

Einmal mehr besiegte der Ausnahmeathlet die gesamte 100-Meter-Weltelite in glatten zehn Stunden.
(Sekunden)

Die Vereinsführung hat heute ein Entschuldigungskonzept vorgelegt.
(Entschuldungskonzept)

Schwere Beine darf kein Leichtathlet auf die kalte Schulter nehmen.
(leichte Schulter)

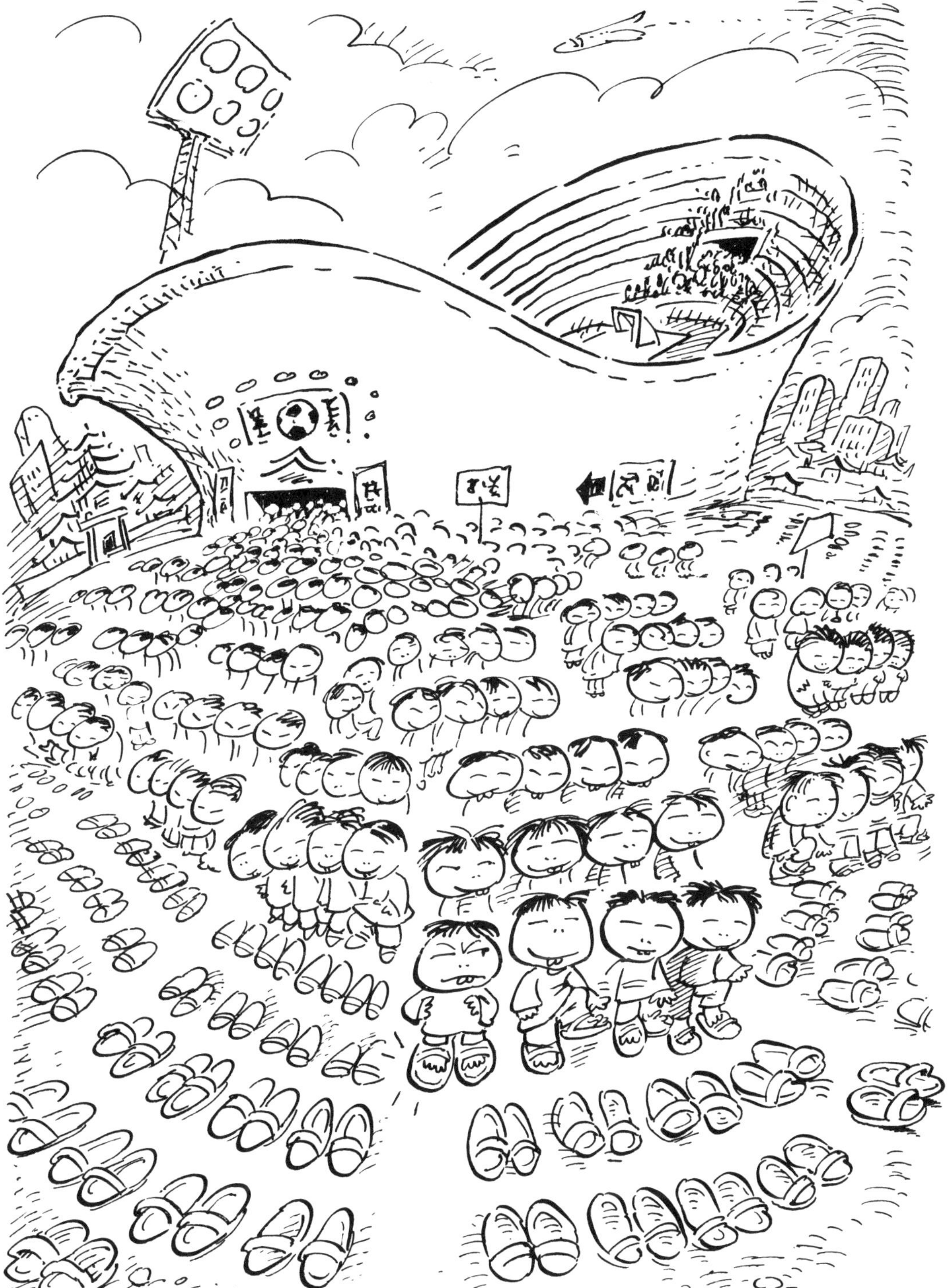

NACH JEDEM FUSSBALLSPIEL DERSELBE SANDALISMUS.

Einmal mehr ist Bubka damit Jahresweltbestzeit gesprungen.

Jetzt ist es perfekt: Labbadia stirbt in Zukunft für Werder Bremen.
(stürmt)

War das ein Bild: Tausende standen an den Hängen und pißten.
(Pisten)

Die Bayern müssen noch nach Dremen und Bresden.
(Bremen und Dresden)

In der nächsten Runde trifft Erich Becker auf Eric, äh, Boris und auf Jehlen.

Oskar Wark ist unser Reporter im Gelsener Kirchenstadion.
(Gelsenkirchener Stadion)

Mit erheblicher Mühe wickelte die Superschwimmerin ihre 100-m-Brust ab.

Der VfL Bochum tritt hier mit dem letzten Angebot auf.
(Aufgebot an)

Ein klares Foul – das muß Geld geben!
(Gelb)

Der Mann im Ball ist überhaupt nicht am Bild.
(am Ball / im Bild)

Sofort nach Ende des Matsches setzten sintflutartige Regenfälle ein.
(Matches)

Endlich sind die Handballer von Ziel am Kiel.
(von Kiel am Ziel)

Sie müssen wissen, daß lediglich das Schießen bei laufender Scheiße erlaubt ist.
(Scheibe)

Er war eine sportliche Konifere.
(Koryphäe)

Wenn die Kölner nicht aufpassen, gefährden sie noch ihren doppelten Punktverlust.
(Punktgewinn)

Ja, es war ein schönes Tor, aber man sollte es nicht hochsterilisieren.
(stilisieren)

Wetten, daß Bettenbauer Präsident wird?
(Beckenbauer)

Es tut jedem Spieler gut, wenn der Trainer hinter ihm steht und ihn stürzt.
(stützt)

Versehrte Damen und Herren

Parlamentsdebatten

Da wurde doch bewußt der
Schatzstutz aktiviert.
(Staatsschutz)

Was Sie da behaupten, das entzieht sich
meiner Kindheit.
(Kenntnis)

Na, wer ist denn hier der Garant für die
deutsch-französische Erbschaft?
(Freundschaft)

Da sage ich Ihnen: Blinder Eiter
schadet nur.
(Eifer)

Wer mäkelt denn dauernd gegen
die KFZ-Konferenz?
(KSZE = Konferenz für europäische Zusammenarbeit)

Also das sollte die Opposition gleich
wieder ad astra legen.
(ad acta)

Hören Sie auf, das ist doch nichts
als ein Strom im Wasserglas.
(Sturm)

Da schweigt ja wohl des
Hängers Söflichkeit.
(Sängers Höflichkeit)

Ach, setzen Sie sich doch nieder,
Sachsenmister, Herr Minister aus
Niedersachsen, bitte.

Da nehme ich doch gar kein Brett
vor den Mund.
(Blatt)

Tut mir leid, aber Sie haben nichts als
Flusionen im Kopf.
(Illusionen / Flausen)

Frau Präsidentin, lassen Sie diese
feixenden Unruhestörer durchgehen?
(Unruhestifter)

Sie müssen schon hinnehmen, daß ich
durch Schmalzherzen beeinträchtigt bin.
(Halsschmerzen)

Ach, lieber Kollege, wer sollte Ihrer
Glatze ein Härchen krümmen?

Sie werden ja sehen, was Sie da für eine
nette Verschuldung kriegen.
(Nettoverschuldung)

Da kann ich nur Bravo klagen.
(sagen)

Es nützt Ihnen nichts, jetzt mit den
Augen schlitzohrig zu zwinkern.

Wir sind doch hier nicht im
Leichenhausschuh.
(Leichenschauhaus)

Warum lehnen Sie bloß ständig die
Aufnahme eines Rests von Arbeit ab?
(Rechts auf Arbeit)

Da haben Sie doch jede Menge
steuerliche Abnutzungsmöglichkeiten.
(Abzugsmöglichkeiten)

Sie haben ja wohl nicht alle Tassen, ach,
lassen Sie doch die Kirche im Schrank.
(Kirche im Dorf)

Dann lesen Sie doch die FAZ
und nicht diese schwachsinnige Gazelle.
(Gazette)

Jeder bedudelt sich, so gut er kann.
(besudelt sich)

Ich nehme mir das Recht, meine
Position voll auszukotzen.
(auszukosten)

Ihr guter Wille ist ja durchaus löslich.
(löblich)

Sie waren schließlich lange genug
Umwälzminister.
(Umweltminister)

DANN LESEN SIE DOCH DIE FAZ UND NICHT DIESE SCHWACHSINNIGE GAZELLE.

Einfach unglaublich, wie Sie mit der Vollbefestigung umgehen.
(Vollbeschäftigung)

Es fällt doch auf, daß die Neuen Bundesländer kaum befreite Heizbäder haben.
(beheizte Freibäder)

Ich warne Sie – für Ihr Vorhaben brauchen Sie einen Gebetshelfer.
(Geburtshelfer)

Meine versehrten Damen und Herren...
(verehrten, sehr geehrten)

Ach, da werde ich gleich Bäche von Strömen vergießen.
(von Tränen)

Die ökonomischc Wcndc fing doch drüben mit Erotikbuden und Würstchenshops an.
(Erotikshops und Würstchenbuden)

Was Sie behaupten ist äußerst unständig.
(unanständig)

Wir leben nun mal in einer Überschußgesellschaft.
(Überflußgesellschaft)

Was mag Sie nur dazu veranlassen, sich hier dauernd zu bürsten?
(brüsten)

Keine Angst, dieser Kanzler sitzt auch morgen fett im Sattel.
(fest)

Ich könnte Ihnen stundenlang Feilballspiele erzählen.
(Fallbeispiele)

Seien Sie doch nicht so lakomisch.
(lakonisch)

Die Opposition schreit – dabei wird sich alles hysterisch entwickeln.
(historisch)

Wie viele Minister werden in dieser Regierung noch ihr Dementi bekanntgeben?
(ihre Demission)

Sie sehen mich beschüttert und erstürzt.
(erschüttert und bestürzt)

Das grenzt ja schon an Demogagie.
(Demagogie)

Jaja, Sie werden noch eines Tages schleimheilig gesprochen.
(scheinheilig)

Endlich hat die FDP das mal mit eigenen Ohren sehen können.
(hören)

Wir schätzen es hoch, daß Sie extra auf den Weg gemacht haben.

Reden Sie nicht, das war genau letzten Dienstag Mittwoch.
(Dienstag mittag)

Das ist – mit Laub versagt – milde ausgedrückt.
(mit Verlaub gesagt)

Ich frage mich ernsthaft, welche Dressurarbeit Sie eigentlich leisten.
(Ressortarbeit)

Nach Kriegsende mußten schließlich Tausende in einem einzigen Zimmer schlafen.

Ihre Zwischenrufe können mich weder zur Ruhe noch aus dem Konfus bringen.
(weder aus der Ruhe noch aus dem Konzept)

Der Kollege Rau wird wohl Ministerpräsident bleiben, bis ich älter bin als er.

Mich fragt auch keiner, ob ich in den Ruhevorstand will.
(Vorruhestand)

Einmal mehr diese stichwörtliche Überheblichkeit der Regierung.
(sprichwörtliche)

Sie hängen doch nur slawisch an Ihrem Meisterkanzler.
(sklavisch)

Nun werden Sie endlich einmal saftig.
(sachlich)

Herr Bundeskanzler, Sie brauchen sich nicht gleich auf den Schlips gefühlt zu treten.
(auf den Schlips getreten zu fühlen)

Meinen Respekt davor, wie Sie sich völlig klanglos gefügt haben.
(klaglos)

Was soll denn das, uns hier ständig die Geigung zu meinen?
(Meinung zu geigen)

Es wäre ja auch denkbar, sich mal an die eigene Brust zu fassen.
(Nase)

Dazu sage ich gar nichts, da habe ich absolutes Schweigeverbot.
(Redeverbot)

Glauben Sie nur nicht, daß wir nun den Sand in den Kopf stecken.
(Kopf in den Sand)

Also, wenn ich mich recht irre...
(nicht irre bzw. recht erinnere)

Vergessen wir bitte nicht, daß wir endlich wieder ungehindert hin- und herreiten können.
(hin- und herreisen)

Ich erwarte von allen Liberalen, daß ihnen die Freiburger Tresen bekannt sind.
(Thesen)

Vielen Eheleuten geht es so schlecht nicht. Er hat seine Rente,
sie hat seine Rente...
(ihre Rente)

Hören Sie bloß auf, Ihnen fehlt jedes Spitzenfingergefühl.
(Fingerspitzengefühl)

Hier geht es letztendlich um die erogenen Zonen.
(eurogen)

Nun heben Sie mal nicht gleich vom Erdbeben ab.
(Erdboden)

Es fehlt Ihnen schlicht an Analphabetisierung.
(an Alphabetisierung)

Ich hasse solche Standesdümpel.
(Standesdünkel)

Es wird sich noch zeigen, wer hier seine Nachhut und wer seine Vorhaut braucht.
(Vorhut)

Erwarten Sie nicht, daß die SPD Ihnen noch die Daumen lutscht.
(drückt)

Obö und Flotentöne

Musik & Kultur

Die Witwe Karajans besitzt eine umfangreiche Klassik-Plastiksammlung.
(Klassik-Plattensammlung)

Zu Ausstellungen gehe ich grundsätzlich mit Kompaktlinsen.
(Kontaktlinsen)

Der geniale Maler hatte erst kürzlich die Staffette aus der Hand gelegt.
(Staffelei)

Die drei Supertenöre wurden ständig mit Ovations begrüßt.
(mit Standing Ovations)

Der Organist hat zugleich unten mit der Pedale und oben mit Manuela zu tun.
(Manualen)

Rainer Kussmaul war der Solist des Streichelorchesters.
(Streichorchesters)

Die Eröffnung der Ausstellung kriegsfreundlicher Malerei endete mit einem Eclair.
(Eklat)

Selten konnte man bei einem Pianisten einen derart reifen Ausschlag beobachten.
(Anschlag)

Der Jahrhundertschauspieler Rühmann hat einige Male selbst als Resischör gearbeitet.
(Regisseur)

Wie jede große Sängerin vor dem Auftritt stöhnt sie ihre Stimme.
(schont)

Hören wir noch ein Volkslied von Friedrich Schiller.
(Friedrich Silcher)

Den Wert des gestohlenen Bildes schätzen Sachverständliche auf 2 Millionen Mark.
(Sachverständige)

Zur Übertragung aus der Philharmonie heiße ich Sie vollkommen.
(willkommen)

Wir schalten jetzt um in den Kammersaal.
(Kammermusiksaal)

Der junge Komponist läßt den Chor stammeln und herumwieseln.
(herumwinseln)

Faszinierend, wenn sie ihren hohen Discount singt!
(Diskant)

Bevor ein Orkan der Zustimmung einsetzte, schwirrten einige Pfeile durch den Saal.
(Pfiffe)

Die vor fünfzig Jahren verstorbene Selma Lagerlöff zählt zu den bedeutendsten lebenden Schriftstellern.

Es erklingen jetzt Werke von Bach, Telemann und Waldi.
(Vivaldi)

Der Künstler trinkt keinen Alkohol und nur alkoholfreien Kaffee.
(koffeinfreien)

Sie hören eine Aufnahme mit dem Budafester Pestivalorchester.
(Budapester Festivalorchester)

Der Solist sollte um jeden Preis den Mein verscheiden.
(Schein vermeiden)

Als größter deutscher Dirigent gilt der Salzburger Herbert von Karajan.

»The Cranberries« dürften die derzeit bekanntesten Irren auf Tour sein.
(Iren)

ES ERKLINGEN JETZT WERKE VON BACH,
TELEMANN UND WALDI.

Nicht genug kann man das lustvolle Legospiel der Streicher rühmen.
(legato)

Absolut faszinierend die Stimme von Placebo Domingo!
(Placido Domingo)

Jeder versierte Organist kann ohne Noten in eine andere Tonart transpirieren.
(transponieren)

Zum Abschluß hörten Sie von Richard Strauß die Tondichtung: »Tod und Vergeltung«.
(Tod und Verklärung)

Uns bleibt nichts, als der sympathischen Sängerin Hals- und Stimmbruch zu wünschen.
(Hals- und Beinbruch)

Die Berliner Philharmoniker werden dirigiert von Daniel, der zugleich Barenboim ist, sitzt am Klavier Daniel Barenboim und auch am Pult, nein, nicht, er dirigiert natürlich vom Flügel aus, Verzeihung!

Mein Schwiegerpfarrer

Familiär belauscht

Ich fahre nur noch
Nichtschwimmer-Abteil.
(Nichtraucher)

Herzlichen Dank für das
korpulente Mahl.
(opulente)

Ich sage das voller Wermut.
(Wehmut)

Kaum ein Junge kennt heute noch das
Mörseralphabet.
(Morsealphabet)

Ich werde mich nicht verbrennen lassen –
wer will schon in einer Urne überleben!

Auf unserer Bank gibt's jetzt vor der
Kasse eine Dircktionszone.
(Diskretionszone)

Einer wie er hat immer noch was
in petting.
(in petto)

Ich finde, das sieht nicht lukrazif aus.
(lukrativ)

Wir haben die alte Spandauer Zitabelle
besucht.
(Zitadelle)

Das ganze Heim war ziemlich unhyänisch.
(unhygienisch)

Ich gebe nicht viel auf ärztliche Bouillons.
(Bulletins)

Ihr rechtes Blicklicht blickt nicht.
(Blinklicht blinkt nicht)

Mit einer Artillerieverkalkung ist nicht zu spaßen.
(Arterienverkalkung)

Der Arzt sagt, ich habe einen Torax in der Lunge.
(Lunge = Thorax)

Als der Schah damals Deutschland besuchte, hießen die Iraner noch Persianer.
(Perser)

Ich bin ja nicht der einzige, der an Fußfilz leidet.
(Fußpilz)

Das vergesse ich bis an mein Lebtag nicht.
(vergesse ich mein Lebtag nicht)

Behandelt mich doch nicht so respektierlich.
(despektierlich)

Versuchen Sie doch bei Ihrer Bank ein Darling zu bekommen.
(Darlehen)

Da sage ich nur: Misere domino!
(Miserere)

Unsere Mutter war ein frigiles Persönchen.
(fragiles)

Verzeihen Sie, aber ich kenne Pastoren, die sind mir zu pastetisch.
(pathetisch)

Am besten hat mir noch die Rindschweinsuppe geschmeckt.
(Rindfleisch)

Was soll ich denn mit so modernem Zeug wie einem WC-Player?
(CD-Player)

Was gucken Sie denn so marmoriert?
(maniriert)

Man hat uns erklärt, die winzigen Lebewesen seien Prozoten.
(Protozoen)

Es wimmelt von Theologen in der Familie meines Schwiegerpfarrers.
(Schwiegervaters)

Bei mir stimmt's selten per salto.
(per saldo)

Unser Großneffe ist Apotheker mit Prohibition.
(Approbation)

Unsere Nachbarn haben ein irres Wohnzimmer, alles aus Palisaden.
(Palisander)

Die Kinder sehen gerade »Schneeweißchen und Rosenkohl«.
(Rosenrot)

Der Pilot ließ mich vorne seine ganze Armada sehen.
(Armatur)

Wir hatten kein direktes Meerschweinchen, sondern so ein Flittchen.
(Frettchen)

Der Junge lebt ausschließlich von seinem Stupendium.
(Stipendium)

Ich hab ja wohl keine Halizunation.
(Haluzination)

Der Budda soll auch den Titel Batman haben.
(Bhagwan)

Man soll's ja nicht übertreiben
mit Aschkese.
(Askese)

Davor ziehe ich meinen Respekt.
(Hut)

Früher trugen mehr Leute Korkhosen.
(Cordhosen)

Ich behaupte, jeder Rektor ist ein Risiko.
(Reaktor)

Die zwei sind verrückt, morgens so um
fünf jobben die schon.
(joggen)

Wichtiger als mein Ausweis ist mir
mein Kaminkalender.
(Terminkalender)

Natürlich arbeitet mein Neffe in der
Klinik mit Skalp.
(Skalpell)

Ich glaube, das waren sogar fünf
Panische Kriege.
(Punische Kriege)

Ich werde meinen ganzen Eifluß
geltend machen.
(Einfluß)

FRÜHER TRUGEN DIE LEUTE MEHR KORKHOSEN.

Im Restaurant gab es Gefälschtes.
(Geselchtes)

Der Arzt meint, es war ein Anfall von Angora Pectoris.
(Angina Pectoris)

Immerhin habe ich seinerzeit das Examen mit Glanz abgelehnt.
(abgelegt)

Auf Schweizer Briefmarken steht immer Velveta.
(Helvetia)

In Essen soll es sogar ein Volkswagen-Museum geben.
(Folkwang-Museum)

Mein Mann war schon rein äußerlich eine impotente Erscheinung.
(imposante)

Ein Polizist sollte ein Kerl sein und keine Politusse.
(Politesse)

Vor der Wende gab's nicht mal Apfelsinen bei uns, jetzt gibt's Mangos und Zivis.
(Kiwis)

In Biologie beobachten wir Bazillen durchs Horoskop.
(Mikroskop)

Ach wissen Sie, jeder Tag hat seine eigene Lage.
(Plage)

Ein blondes Huhn findet auch mal ein Korn.
(blindes)

Das hätten wir endlich unter Sack und Pack.
(Dach und Fach)

Ich stehe mit dem Boden auf beiden Beinen.
(mit beiden Beinen auf dem Boden)

Es gibt einfach zu viele Hochstuhlschüler.
(Hochschulschüler)

Unsere Zwillinge wurden am 29. Februar geboren, aber wir feiern immer am 30.
(gibt es nicht)

Im Urlaub will ich diesmal Fische forellen.
(Forellen fischen / angeln)

Ich bin noch Marktfrau alter Schule:
Wenn ein Kunde keine Tasche mithat,
schlage ich ihm die Eier ein.

Also schön, ich bitte Sie
um Verzweiflung.
(Verzeihung)

Ich nehme an, das Kolosseum in Rom
ist das größte Amphibientheater.
(Amphitheater)

Gestern bin ich im neueröffneten
Binnes-Staumarkt gewesen.
(Stinnes-Baumarkt)

Das schlägt nun aber dem Faß
den Boden ins Gesicht.

Die wollen doch den sozial Schwachen
alles nehmen, was sie in Ruhe schlagen
läßt.
(schlafen)

Plötzlich tauchte der Mann vor mir auf
wie Felix aus der Asche.
(Phönix)

Das ist eine rein geschäftige
Angelegenheit.
(geschäftliche)

Da kann ich leider gar nicht mit Ihnen kominform gehen.
(konform)

Na endlich, seit einer halben Stunde parodiere ich hier schon.
(paradiere)

Kinder, seid vorsichtig an der Bülustrade.
(Ballustrade)

Die beiden sind ja wohl lebsisch.
(lesbisch)

Mein Mann hat sich sehr für den Verein arrangiert.
(engagiert)

Und direkt unterhalb vom Großglockner liegt der sagenhafte Pastetengletscher.
(Pasterzengletscher)

Seit sie Mutter ist, macht sie 'ne regelrechte Metaneurose durch.
(Metamorphose)

Es war sehr vornehm, der Ober hat sogar am Tisch flaniert.
(flambiert)

Von Beruf ist er Fliegenlesermeister.
(Fliesenlegermeister)

Wo das noch hinführen soll mit der zunehmenden Abgasemulsion!
(Abgasemission)

Das ist doch ’ne reine Friktion.
(Fiktion)

Er war im 1. Weltkrieg Fregattenkapitän und gehörte zur Genialität.
(Generalität)

Am schmackhaftesten finde ich Boskop und Granatenäpfel.
(Granatäpfel)

Es fällt doch auf, daß du chronologisch krank bist.
(chronisch)

Die Leiche muß erst noch observiert werden.
(obduziert)

Der meint, er kann daherkommen und tabaluga machen.
(tabula rasa)

Er ist ausgekocht und von durchtriebener Raffinade.
(Raffiniertheit)

Wir mögen nun mal keine Heroin-Filme.
(Heroen-Filme)

AM SCHMACKHAFTESTEN FINDE ICH BOSKOP UND GRANATENÄPFEL.

Sie war eine besonders eitrige Ferntouristin.
(eifrige)

Bitte behalten Sie doch Sitz.
(Platz)

Mich plagt ständig mein Asbest unterm Arm.
(Abszeß)

Ich werde mich einer Alkoholunterziehungskur entziehen.
(Alkoholentziehungskur unterziehen)

Wir freuen uns über einige explosive Podiumsgäste.
(exclusive)

In der Jugend lernt ein Alter leichter als ein Kind.

Unsere Enkel haben alle ihr großes Latinikum gemacht.
(Latinum)

Ich bin gegen jede Art Kaviargehorsam.
(Kadavergehorsam)

Mein Sohn ist auf der Suche nach einer tierlieben Frau mit Kabelanschluß.

Das geht nicht einfach per Kopfdruck.
(Knopfdruck)

Vater hatte sein Examen mit
summa summarum abgelegt.
(summa cum laude)

Am besten soll ja so ein autonomes
Training helfen.
(autogenes)

Unsere Oma läuft bereits wieder mit
ihrem orthopädischen Gesteck.
(Gestell)

Schönheitsreparaturen sind doch nur
Pusch am Körper.
(Pfusch)

Ich lasse mich nicht von
Ihnen veralbhornen.
(verballhornen)

Ich rannte so schnell weg, daß ich einen
Fuß verlor.
(Schuh)

Was hier für Ungeziefer fleucht
und keucht!
(kräucht)

Heute hat doch beinahe jeder
Jugendliche so einen Racettencassorder.
(Cassettenrecorder)

Kaum war er Mitglied, haben sie ihn schon wieder illuminiert.
(eliminiert)

Der Genscher ist jetzt Professor und spricht öfter im Gaudi Max.
(Audimax = Auditorium Maximum)

Ich habe gerade leise Probleme mit der Leichte.
(leichte Probleme mit der Leiste)

Gehen wir behutsam vor, um den Jungen völlig zu intrigieren.
(integrieren)

Wer kann schon lukullische Buchstaben lesen?
(kyrillische)

Ich mag keine Männer wie Phimosen.
(Mimosen)

Ich gestehe, ich war noch nie bei einer Ausstellungsvisage.
(Vernissage)

Meine Frau ist ein komplempativer Mensch.
(kontemplativer)

Die Vase habe ich antiquiert erstanden.
(antiquarisch)

Mühsam habe ich mir das alles als Autodiktat beigebracht.
(Autodidakt)

Mein Freund ist ein exzellenter Korrumpetitor.
(Korrepetitor)

Was benutzen Sie denn für Zehnkram?
(Zahncreme)

Ich suche nach herrenlosen Schuhen für Einlagen.
(nach Herrenschuhen für lose Einlagen)

Zuerst wollte ich nicht, daß mein Sohn Sauspülspieler wird.
(Schauspielschüler)

Sie ist ja monogam, aber er scheint mir polyphon zu sein.
(polygam)

Unser Junge teilt nun mal nicht gerne fiffi-fiffi.
(fifty-fifty)

Ich erhebe mein Glas zu einem kleinen Stinkspruch.
(Trinkspruch)

Ich kann mir nicht jede Woche einen Abend frauscheifeln.
(freischaufeln)

Mein Mann ist auch auf der Arbeit ein pensionierter Raucher.
(passionierter)

Weil Methanol so erfrischt

Unglaubliche Radiobeiträge

In die modernen Geräte wirft man
nur noch winzige Slips ein.
(Chips)

Freuen Sie sich, denn heute ist es soweit:
das Traumhaus wird verlaust.
(verlost)

Im Frühjahr sollten Sie Ihrem Wagen
unbedingt eine Unterwäsche gönnen.
(Unterbodenwäsche)

Beklagenswert ist, daß es keine
20 PDS-Autos mehr gibt.
(20-PS-Autos)

Nicht einmal zehn Mark kosten die
kostenlosen Seidenschlipse.
(knotenlosen)

Moderne Straßenleuchten sind mehr als
schlichte Latrinen.
(Laternen)

Um die Art zu erhalten, wurden am
Rande des Grand Canyon zehn der
riesigen Kondome ausgesetzt.
(Kondore)

Der kleine Verlag produziert
hauptsächlich Pastillen.
(Postillen)

Es handelt sich um eine kostbare Magnotofönaufnahme.
(Magnetofonaufnahme)

In genau 2315 m Höhe wurde ein Depot für Rentenseelen angelegt.
(Rennutensilien)

Viele lutschen die Bonbons einfach, weil das Methanol so erfrischt.
(Menthol)

Die Bilanz der Love-Parade war eher erwachsen.
(durchwachsen)

Die palästinensische Intellektuelle lehrt in der Bierzelt-Universität.
(Birzeit-Universität im Westjordanland)

Man fand die Leiche köstlich, Verzeihung, östlich von Kuba.

Der Staatsanwalt mußte sich selbst an den Kopf lachen.
(fassen)

Mehr als hundert der uralten BMW-Isettas formierten sich zu einem unvergleichlichen Auto-Torso.
(Auto-Korso)

Fahren Sie ins Grüne und genießen Sie den Buschpaß.
(Busspaß)

Die Hundertjährige ist noch verblüffend brüstig.
(rüstig)

Zu DDR-Zeiten war der heute 53jährige Leiter eines Stickstoffkonkubinats.
(Stickstoffkombinats)

Ich bleibe skeptisch gegenüber jeder Tierhalterung.
(Tierhaltung)

Selbst Rudolf Augstein ist längst eine Figur des Etablissements geworden.
(Establishments)

Dem prominenten Patienten wurde heute ein Katheder eingeführt.
(Katheter)

Wir begrüßen Hannelore Kohl, die Gattin unseres Bundeskanzlers Helmut Schmidt.

Die Ozonschicht zu ficken, o weh,
zu flicken, na das geht beides nicht,
nein, wirklich, Verzeihung und nochmal...

Der Große Kurfürst gewährte bekanntlich den Hottentotten Asyl.
(Hugenotten)

ICH BLEIBE SKEPTISCH GEGENÜBER JEDER TIERHALTERUNG.

Das Feuer brach und breitete sich aus trotz einer Sprenkel-Anlage.
(Sprinkleranlage)

Mit diesem Entsafter können Sie jede Zitrone mühelos erpressen.
(auspressen)

Allmählich wurde es schlagartig hell.

Sie wissen ja: Zu den riesigen Nebenwirkungen fragen Sie die Packungsbeilage oder bringen Sie Ihren Arzt zum Apotheker.

Für alle Kinder gibt's in der nächsten halben Stunde das schöne Märchen vom Wolf und den sieben Geiseln.
(Geislein)

Auch nach zehn Jahren mahnt uns die Tschernozon-Katastrophe.
(Tschernobyl)

Die Diva betrat die Bühne mit einem bezaubernd ausgeschnittenen Kollier.
(Dekolleté)

Keine Branche kommt mehr an der Stiftung Warenrest vorbei.
(Warentest)

Es ist doch verrückt, nur wegen Michael Jackson die gesamte Prager Irrenstadt abzusperren.
(Innenstadt)

Im Mittelpunkt stand ein Weilchen Minister Blümchen.
(Blüm)

Wir müssen im Nah-Ost-Konflikt unsere Denkklitsche verlassen.
(Denkklischees)

Der flüchtige Bankräuber hat halbschwarze lange Haare.
(halblange schwarze)

Keine Frage, irgendwann wird sich alles abbortisieren.
(amortisieren)

Damit steht es fest: Deutschland ist Waldmeister.

Trotz des gewaltigen Altersunterschieds dauert ihr Liebe nun schon genau fünf Jahre und zwei Kinder.

Restlos ausgebucht sind dagegen in und um St. Moritz die Nebelhotels.
(Nobelhotels)

In Cambridge kamen dann drei Semester Gesichtsstudien hinzu.
(Geschichtsstudien)

Es ist soeben neun Uhr, nein zehn, so ein Unsinn, also bevor ich anfing, war es punkt neunzehn Uhr.

Der illegale Handel mit Klärsch-Lämmern ist geplatzt.
(Klär-Schlämmen)

Viele Frauen sind einfach von ihrem Wesen her monoton veranlagt.
(monogam)

Wie in jedem Sommer verbringt der Papst einige Zeit auf Schloß Pastell Gandolfo.
(Castell = Schloß)

Es gibt keinen Flugplatz auf der entlegenen Insel Spasmos.
(Patmos)

Es handelt sich um nichts als um schlechte Scheichwerbung.
(Schleichwerbung)

Das Premierenpublikum schien sich darin einig, daß der Film nur so trieft von triefschwachem Humor.
(tiefschwarzem)

Und hier noch unsere Konternummer.
(Kontonummer)

Bei diesen Sparpreisen empfehlen wir: Fliegen Sie mit Lusthansa!

Was nach wie vor im Angebot bleibt, ist Schweinskram.
(Schweinekamm)

Wenn Sie von der B 5 rechts abbiegen, dann sehen Sie schon die uralte Dorfstrafe.
(Dorfstraße)

Der Vogelzoo beherbergt auch seltene Arten von Störchen und Kaninchen.
(Kranichen)

Es besteht immer Erkältungsgefahr, wenn man von der Wärme in die Sonne kommt.
(in die Kälte)

Wir fragten Berliner, ob sie die neuen sommerlichen Wasserspeisen kennen.
(Wasserpreise)

Die fast zwei Meter hohen Boxen sind nur im Flachhandel erhältlich.
(Fachhandel)

Zum jährlichen Ritual gehört die laufende Triefrunde.
(Tarifrunde)

Achtung, einige Straßen Richtung Stadion sind Sarggassen.
(Sackgassen)

Nach dem allgemeinen Medizinstudium spezialisierte er sich auf Päderastie.
(Pädiatrie)

Ich warne Sie: Dieser Mensch steckt voll Hydra!
(Hybris)

Durch Über- und Unterführungen kann die Schnellstraße völlig niveaulos bleiben.
(niveaufrei)

Machen Sie mit bei der Gluckspirale.

Hier kommt noch eine Meldung aus dem elsäsch schsch selsch, na also, aus dem elsächsischen, quatsch, ich will sagen, aus Stadtbruch im Elsaß, es geht nicht, aber jetzt stimmt wenigstens Elsaß, ich meine natürlich Straßbrug im… Teufel, helft mir oder schaltet mich ab.